AVANCER

Jean-Marie MEHAT

Avancer

Vérone éditions

Envois de manuscrits :
Vérone éditions – 75 boulevard Haussmann – 75008 Paris

Parcours d'un cancre devenu entrepreneur à succès

Février 2021

Je suis un entrepreneur breton de 35 ans opérant dans le secteur immobilier. La Bretagne m'a doté d'un caractère déterminé et persévérant.

Ce livre n'a pas pour objectif de mettre en valeur ma propre réussite professionnelle. Il ne contient pas non plus de recette miracle et infaillible pour « réussir ».

Depuis quelques années cependant, je ressens l'envie d'encourager les jeunes (ou moins jeunes) entrepreneurs en leur racontant mon histoire. Ce livre me permet de leur présenter quelques clés et façons de penser que j'applique au jour le jour, pour entretenir un état d'esprit optimiste et audacieux, malgré les obstacles à franchir.

J'espère en particulier que les « mal partis », les moins chanceux, ceux à qui on prédit l'avenir le moins brillant, trouveront dans mon récit un exemple inspirant de succès d'un homme « normal » qui construit chaque jour, à la force de son mental, sa réussite professionnelle.

S'ils ressortent de cette lecture en se disant : « Moi aussi, je peux le faire », je serai comblé.

Jean-Marie Mehat

CHUTER

1
Tous les virages ne sont pas bons à prendre

Dimanche 16 juin 2002, cinq heures du matin. Au passage à niveau d'Elven, commune du Morbihan, mon ami Emmanuel, qui ne décolère pas, perd le contrôle de la voiture dans laquelle nous sommes embarqués.

J'ai dix-sept ans. Emmanuel a quelques années de plus que moi. Il est maçon. Nous sommes amis. Nous passons souvent une partie de nos week-ends ensemble depuis que nous avons fait connaissance quelques années plus tôt.

Nous roulons trop vite. La Golf 3 blanche part en tonneaux dans le virage et finit sa course dans le champ voisin. Le véhicule que nous poursuivons depuis quelques minutes continue sa route. Dans la précipitation de notre départ, mon frère aîné Nicolas, assis à l'arrière, et moi, passager avant, n'avons pas attaché nos ceintures.

À partir de là, je ne peux raconter que ce que mes proches m'ont eux-mêmes rapporté. Nicolas est éjecté de la voiture, il atterrit sur le dos. Emmanuel, le conducteur, se blesse au genou. Il en gardera une cicatrice. Je suis éjecté moi aussi mais mon corps heurte un piquet de barrière dans sa chute, puis tombe dans le fossé. Mon frère aperçoit des phares dans la nuit : une voiture arrive à proximité de notre accident. La conductrice nous voit, s'arrête sur le bas-côté.

C'est une jeune fille du coin. Elle a l'âge de mon frère. Elle nous reconnaît. Elle descend, trouve Nicolas et Emmanuel blessés, choqués mais conscients. L'herbe a été fraîchement fauchée, j'en ai plein la bouche. Mon frère n'ose pas s'approcher de mon corps, de peur de me trouver mort. La jeune fille, elle, se précipite vers moi, m'enlève l'herbe de la bouche et me sauve de l'étouffement. Elle appelle les secours. Les pompiers arrivent en quelques minutes et disposent mon corps sur un brancard.

Mon état est trop grave pour les urgences locales. Je suis transporté en hélicoptère, direction l'hôpital de Lorient. Cela aurait pu être un chouette baptême de l'air, mais je suis toujours inconscient. On me considère plus ou moins mort.

C'est le jour de la fête des Pères. Bonne fête Papa.

Ce samedi soir, j'étais sorti avec des amis au *Must*, une discothèque installée à la sortie de Questembert. Mon frère Nicolas et sa bande d'amis sont là aussi. En sortant de la boîte vers quatre heures du matin, je monte en voiture à côté d'Emmanuel. À la sortie du parking, une voiture s'arrête à notre niveau. Le passager avant baisse sa vitre et nous interpelle :

« Vous avez une clope ?

— Non, on n'en a pas. »

Ça va vite, une vie qui bascule.

Muni d'une batte de base-ball, le passager descend et commence à frapper sur notre voiture. Premier à réagir, je descends en furie, contourne leur véhicule. Par la vitre, j'attrape au col un des passagers arrière, qui m'agrippe à son tour par les mains. Le conducteur démarre en trombe. Je cours pour ne pas tomber parce que le passager tient toujours mes poignets prisonniers. La voiture quitte le parking, nous sommes désormais sur la route. Je finis par trébucher dans ma course. Ils me traînent sur plusieurs dizaines de mètres, puis me lâchent. Je me relève au bord de la route. Je n'ai rien. Je cours jusqu'à la voiture d'Emmanuel. La voiture de nos agresseurs fait demi-tour pour partir dans une autre direction. Entre-temps, mon frère Nicolas, qui a assisté à la scène, nous rejoint sur le parking. Il tente de nous raisonner, nous invite à nous calmer et à rentrer tranquillement à la maison. Mais Emmanuel et moi sommes révoltés par cette agression injustifiée. Je saute dans la voiture. Nicolas se précipite sur la banquette arrière et Emmanuel démarre en trombe pour prendre nos agresseurs en chasse.

Quelles sont nos intentions ? Difficile à dire, mais nous sommes très remontés, et l'alcool que nous avons bu ne nous encourage pas à la modération.

Oui, une vie qui bascule, ça va vite.

Aussi vite qu'une voiture qui dérape dans un virage.

Les premiers jours après l'accident, à la maison, la vie est suspendue. Mes parents sont en apnée. Mon frère et ma sœur ne cessent de pleurer. Ils s'allongent sur mon lit, en espérant qu'un jour je revienne. Ma vie ne tient plus qu'à un fil. On me maintient dix jours dans le coma, en attendant de constater l'évolution de mon traumatisme crânien. Ma mère ne quitte presque pas mon chevet. Mes proches me rendent visite chaque jour. Mon ami Emmanuel aussi, qui conduisait la voiture ce soir-là, accablé de culpabilité.

L'un de mes premiers souvenirs après l'accident est la visite de mon grand-père, Claude Le Coz, à mon chevet d'hôpital. Ma grand-mère et ma marraine se tiennent derrière lui. Il me regarde, l'air inquiet. Parce que je suis encore intubé, on me donne une ardoise pour communiquer.

« Bonjour Pépé. Il fait chaud aujourd'hui, les moutons doivent avoir soif », ai-je écrit.

Enfin, j'écris peut-être seulement « moutons », mais c'est tout ça que je veux dire en réalité. Je ne sais pas si c'est lisible, mais nous sommes tous soulagés de constater que mon cerveau fonctionne correctement.

À ma sortie des soins intensifs, on me transfère à l'hôpital de Vannes. Les visites de mes proches continuent de rythmer mes journées. Ils me sourient et prononcent des mots d'encouragement. Je m'efforce d'être toujours de bonne humeur devant eux. Je suis mal en point mais vivant et c'est assez miraculeux pour me sentir contraint de faire bonne figure. Mais le soir, je fonds en larmes et ne peux plus retenir ma tristesse, mon dépit d'avoir eu cet accident, d'être immobilisé, de voir mes parents et amis inquiets, de monopoliser leur attention et leur agenda.

Le bilan de mes blessures est lourd : un traumatisme crânien, des hématomes sur le cœur et sur un poumon, deux côtes cassées et une fêlée, une luxation à l'épaule gauche, un genou abîmé, un tassement des vertèbres cervicales, deux lombaires fêlées. Je souffre le martyre.

À quelques millimètres près, j'aurais pu ne jamais remarcher. Mais ma musculature de jeune homme m'a protégé, disent les médecins, en réduisant l'impact du choc sur mon corps. Être non-fumeur aussi favorisera mon rétablissement, disent-ils. Et c'est vrai que je ne conserve, aujourd'hui, aucune séquelle visible de cet accident.

Un mois et demi après l'accident, j'ai la chance d'intégrer un centre de rééducation, le centre de Kerpape Ploemeur, près de Lorient. C'est l'été, certains pensionnaires sont rentrés chez eux pour les vacances et des places sont disponibles dans le secteur des moins de dix-huit ans. À mon arrivée, les médecins me fabriquent un corset, bleu et blanc comme un nuage, pour soutenir le haut de mon corps et permettre à mes vertèbres de se ressouder. C'est douloureux. Mes côtes cassées me font souffrir. Je porte le corset sans interruption, sauf pour ma toilette, une autre forme de souffrance. Deux infirmières qui s'occupent de vous laver, quand vous êtes un jeune homme de dix-sept ans, cela peut provoquer des scènes assez humiliantes. Mais elles ont l'habitude et je prends finalement le parti de rigoler de mon malaise avec elles.

Pendant plusieurs semaines, je reste encore alité en permanence, y compris pendant les repas que je prends dans la salle commune, parmi la quinzaine de pensionnaires. J'aime les dimanches, parce qu'on nous sert des crevettes roses et que je m'en régale. Rémi, notre animateur, et l'ensemble du personnel, s'attachent à créer une ambiance conviviale. Le fils d'un ami de mes parents, Tony, touché par mon accident, me prête sa PlayStation 2. Cette console devient instantanément l'attraction du service et Tony devient, par la même occasion, l'un de mes meilleurs amis. À compter de ce jour, ma chambre ne désemplit plus : tous mes compagnons d'infortune défilent pour des parties animées de courses automobiles, qui nous aident, toutes et tous, à mettre de côté nos souffrances physiques et mentales.

Malgré cette bonne ambiance, les visites de ma famille et de mes amis de Peaule, j'avoue que mes soirées à Kerpape sont encore plus tristes qu'à l'hôpital. Côtoyer d'autres patients moins chanceux que moi, parfois handicapés ou amputés, est difficile à supporter moralement. Ma famille me manque.

Et je suis toujours dans un sale état physique. Ma rééducation consiste à remettre progressivement mon corps corseté à la verticale. Chaque jour, les soignants m'attachent sur une plateforme horizontale et l'inclinent progressivement. D'abord, une inclinaison minime, puis de plus en plus forte au fil des jours, pendant une heure environ. Jusqu'à la verticale complète. Plus tard, toujours à la verticale, la kinésithérapeute me lance un ballon, que je dois rattraper et lui renvoyer. Ce sont des moments forts émotionnellement. Mon corps commence vraiment à fonctionner à nouveau. On me fait empiler des Legos, pour retrouver ma motricité fine. Je réapprends à parler et à écrire avec une orthophoniste. Le jour où je suis assez solide pour me déplacer en fauteuil roulant, j'ai enfin accès à l'un des grands divertissements de Kerpape : les courses entre pensionnaires dans les longs couloirs du centre.

Malgré mes baisses de moral nocturnes, je m'efforce d'adopter un état d'esprit positif. Je progresse vite. Mon mental de battant et ma persévérance, hérités de mes parents, m'ont conditionné pour avancer. Je ne doute pas un instant que je remarcherai. Le Docteur Simba qui me suit, confirme mes progrès. J'enchaîne les séances de rééducation et je suis toujours ému et ravi de trouver un membre de ma famille ou un ami à mon retour dans ma chambre. Ma mère me rend visite chaque jour, malgré la distance. Aujourd'hui, je ne sais toujours pas comment remercier mes proches à la hauteur des efforts qu'ils ont entrepris pour me soutenir dans cette épreuve.

Ma rééducation à la marche continue. La première fois où je me tiens debout sans aide entre deux barres parallèles, je suis traversé par une vague d'émotion. Je suis tellement heureux d'être debout. Les kinés me regardent, les yeux brillants d'espoir et d'encouragement. Je suis euphorique, je fais quelques pas : je remarche. Je regagne ma chambre debout. Mes parents m'y attendent et ne peuvent contenir leurs émotions. De jour en jour, je marche de plus en plus loin, jusqu'au réfectoire, jusqu'aux salles de kinésithérapie, et dans les couloirs interminables de Kerpape.

Une fois bien rétabli, on m'autorise à rentrer chez moi le week-end. Mes amis me rendent visite. Nous mangeons des pizzas et passons la soirée ensemble. Une fois couché seul dans mon lit, je suis à nouveau gagné par la tristesse, la fatigue et la douleur. Mais pas la journée : je veux de la bonne humeur autour de moi, peu importent les efforts que cela me demande. Quelque temps avant notre accident, ma petite amie et moi nous sommes séparés. C'est ma première « conquête ». À mon retour à la maison, elle me rend visite. Je profite de l'occasion pour tenter de la séduire à nouveau. J'ai tellement hâte de me prouver que rien n'a changé dans ma vie. Mais je suis totalement engoncé dans mon corset, je peux à peine me tourner pour tenter de l'embrasser. C'est un moment assez humiliant et inconfortable pour moi et sûrement encore plus pour elle.

Mon retour « dans la partie » va devoir attendre encore un peu.

2
Ce qu'aurait dû être ma vie

Ma famille est originaire du Morbihan. Mes grands-parents maternels, Claude et Yvonne Le Coz, vivaient avec leurs six enfants à Kerblego, un lieu-dit de la commune de Peaule, à proximité de Questembert. Cultivateurs de légumes, mes grands-parents élevaient également quelques vaches laitières. Chaque fin de semaine, ils se rendaient au marché de Redon, la ville voisine, pour acheter ce qu'ils ne produisaient pas et à l'occasion, vendre les paniers que mon grand-père avait fabriqués de ses mains.

Claude Le Coz, mon grand-père, était un personnage hors normes, un bon vivant, une personnalité extravertie et d'une sociabilité sans limite. Plutôt petit, il portait toujours un pantalon de travail bleu et une casquette. Le sourire ne quittait jamais ses lèvres. De mon point de vue d'enfant, il parlait sans cesse, et connaissait tous les habitants des alentours. Il avait la « tchatche » comme on dit, que ce soit pour nous raconter une anecdote ou un souvenir d'enfance pendant qu'il tressait un panier, entretenir une conversation avec le premier venu, ou négocier sans concession le prix de son tracteur qu'un voisin voulait lui acheter. Il aimait entonner des airs connus et participait régulièrement à des concours de chants. Par-dessus tout, il savait raconter les contes et les légendes de Bretagne mieux que personne : c'était un conteur né, qui s'est, de nombreuses fois, fait remarquer au concours de contes de la Bogue d'Or à Redon.

Mon grand-père fréquentait assidûment l'église depuis tout jeune. Il prenait grand plaisir, une fois adulte, à discuter à chaque sortie de messe avec le curé ou les paroissiens. À sa retraite, il a commencé à écrire ses mémoires et a participé à des recueils collectifs de contes de notre région. Il nous reste aujourd'hui nombre de ses journaux personnels.

Mon grand-père avait une aura si imposante que ma grand-mère semblait un peu effacée à ses côtés, même si c'était une femme forte et courageuse. Je la revois penchée dans son jardin pour arracher des pommes de terre ou des carottes. Bien que petite en taille, elle régnait en maître sur la cuisine. Elle épluchait ses légumes sur la grande table en bois, avant de les découper en morceaux grossiers qu'elle jetait dans l'eau bouillante pour préparer une délicieuse soupe, dont l'odeur envahissait quasi quotidiennement la pièce.

À l'automne, mon frère Nicolas, ma sœur Stéphanie et moi allions ramasser les châtaignes sur les terres familiales et nos grands-parents les vendaient au marché pour notre compte. Je les accompagnais parfois, recroquevillé dans le coffre de leur voiture sans permis. Avec l'argent des châtaignes, mon frère, ma sœur et moi, nous nous sommes offert notre première console de jeux, une Super Nintendo. Je n'oublierai jamais notre joie et surtout notre fierté de ce premier achat réalisé grâce au fruit de notre travail. Ce grand-père nous avait transmis son sens des affaires et du labeur, avant même que nous ayons l'âge de le comprendre.

Mes grands-parents paternels, Lucien et Anne-Marie Mehat, étaient eux aussi cultivateurs de légumes et éleveurs de quelques vaches laitières. Ils vivaient avec leurs deux fils à Tré, sur la commune de Questembert, à une dizaine de kilomètres seulement de mes grands-parents maternels. Ma grand-mère s'occupait elle aussi du jardin et de la cuisine. Mon grand-père était d'un naturel bavard et social et il était, comme mon grand-père maternel, un travailleur acharné. L'histoire raconte qu'un jour, après avoir charrué son champ toute la journée sans discontinuer, c'est sa jument, Mignonne, qui l'a ramené à la maison sur son dos. Mignonne était un cheval de trait, lourd et valeureux, de ceux dont la force physique et l'endurance ont par la suite été remplacées par des machines agricoles. Mon grand-père avait la puissance et la résistance des hommes de l'époque mais ce soir-là, il était si éreinté qu'il n'a pas pu faire un pas de plus. Quand le soir, je me sens fatigué par ma journée de travail, je me demande toujours : Aurais-tu besoin de ton cheval pour rentrer chez toi ? Ma réponse étant invariablement négative, je me dis que je vis dans un monde confortable et que je n'ai pas de quoi me plaindre.

Mon père, Jean, est né en avril 1958 à Questembert et ma mère, Anne-Marie, en avril 1960 à Peaule. Où et comment se sont-ils rencontrés ? Probablement un soir de bal de village, comme il était d'usage. Une fois mariés, ils se sont installés à Peaule dans une maison à louer. Leur premier enfant, mon frère Nicolas, est né en juillet 1981. Puis, je suis né en novembre 1984 et ma sœur Stéphanie est arrivée en décembre 1985. Longtemps, nous avons vécu à Kergraslan, un lieu-dit de la commune de Questembert. Mes parents avaient acheté un terrain dans un nouveau lotissement et y avaient construit une maison de leurs propres mains pendant les week-ends et les vacances. Aucun des deux n'était maçon mais avec force conseils d'artisans, main forte d'un ami de mon père, transpiration et détermination sans faille, notre maison à deux niveaux était sortie de terre en quelques mois.

Ma mère était, à l'époque, couturière d'ameublement pour une entreprise locale et mon père plâtrier-carreleur salarié. Quand, par la suite, mon père s'est installé à son compte, ma mère a rapidement pris les rênes de son entreprise pour en assurer la gestion administrative et financière. Elle avait hérité avant moi du sens des affaires de son père. L'entreprise familiale a progressivement pris de l'ampleur. Mon père était un travailleur infatigable, il ne connaissait pas le repos. Certains étés, pour qu'il puisse assurer les délais de livraison auxquels il s'était engagé, nous installions notre caravane sur ses chantiers en cours.

Nous passions nos vacances là, en famille, à quelques kilomètres seulement de notre maison. Mon père travaillait toute la journée.

Ma mère le secondait au besoin. Elle préparait à manger, s'occupait de nous. Il s'arrêtait pour prendre ses repas avec nous et repartait aussi sec travailler, parfois jusqu'à 23 heures. Mon frère, ma sœur et moi jouions aux alentours, donnions un petit coup de main sur le chantier et profitions de cet air de liberté si particulier des vacances en caravane.

L'école et moi n'avons jamais été très bons amis. À l'école primaire, je tente de cacher mes difficultés et de distraire mon ennui en faisant l'imbécile. Avec mon camarade Michaël, nous sommes les turbulents de la cour de récréation et jouons les cadors. Nous nous bagarrons contre les autres dans le bac à sable. Je n'en suis pas fier aujourd'hui.

À cette époque, je souffre d'un fort asthme. J'emporte ma Ventoline partout pour parer aux crises imprévisibles. Passer l'après-midi chez un copain, dans une maison avec moquette, tapis ou rideaux n'est jamais sans risque pour moi. À certaines périodes, mon traitement comprend une injection chaque soir. Quand je sens l'heure de la piqûre arriver, je disparais dans des cachettes improvisées dans la maison, pour tenter d'y échapper mais mes parents finissent toujours par me débusquer. Ces traitements et contraintes que je trouve si injustes me rendent nerveux et je fais de nombreuses crises, d'asthme et de colère.

Mes nombreux rendez-vous médicaux et ma faible motivation générale pour l'école me conduisent à redoubler mon CE2. Je m'en console rapidement parce que ce redoublement me permet d'aller deux fois en voyage scolaire dans la cité médiévale de Carcassonne, avec mon maître Jo, que j'adore. Je reçois les encouragements du directeur de l'école, l'année où je suis dans sa classe, pour continuer la natation parce qu'il trouve que je nage bien. Que mes qualités soient reconnues par des enseignants me procurent un grand apaisement intérieur. Ces compliments m'aident à me sentir considéré et à me convaincre que je ne suis pas si nul. Mais déjà à cette époque, je préfère simplement le « vrai » travail, celui de mon père avec qui j'aime bricoler sur les chantiers, au travail scolaire.

Au collège, je rejoins mon frère Nicolas, lui-même déjà cador dans la place, portant cheveux longs, pantalons treillis, boucle d'oreille et manteau en cuir. « Ah oui, toi, tu es un Mehat ! », me lance un professeur dès ma première rentrée. Connu et reconnu, avant même d'avoir fait mes preuves !

Plus intéressé par les filles que par les enseignements, je continue à être turbulent, à gêner le bon déroulement de la classe, en lançant des gommes et autres boulettes de papier. Je copie régulièrement sur mes voisins pendant les contrôles, en cachant mes yeux sous ma main en visière, technique éprouvée s'il en est. Parfois, je me fais prendre et cela me vaut un bon coup de livre sur la tête de la part de Madame Le Régent, ma professeure d'histoire-géographie.

Mes parents ne savent plus quoi faire pour m'encourager à fournir des efforts en classe. Vers mes treize ans, on me propose d'intégrer un club de moto-cross en activité extrascolaire. Mes parents me donnent leur accord, à condition que je travaille assez dur pour valider mon passage en Cinquième. Je redouble ma Sixième et je n'intègre pas le club de moto-cross.

J'ai des lacunes dans nombre de matières. Je ne comprends pas l'intérêt des matières littéraires, des langues, de l'Histoire. Mais j'aime bien les mathématiques, le sport, la physique, la technologie. J'ai même la fierté d'être premier de la classe en mathématiques en Quatrième, ce qui me vaut de bonnes relations avec mon professeur, Monsieur Le Dirach. « Jean-Marie avait des capacités mais il ne voulait simplement pas les utiliser », dira-t-il quelques années plus tard à ma mère, quand nous le croiserons dans les rues de Damgan. J'aime bien la logique et la complexité des mathématiques. Je ne travaille pas plus cette matière que les autres, mais j'arrive bien à mémoriser visuellement les calculs et formules que le professeur écrit au tableau.

Malgré mes regrets de ne pas avoir mieux écouté en classe, je garde de bons souvenirs de certains professeurs et éducateurs de ce collège : Monsieur Le Chêne, surveillant, Monsieur et Madame Jutel, Madame Falaise, qui m'a enguirlandé parce que j'avais eu, un jour, l'audace d'appeler par son prénom, ou encore Madame Margotin, professeur de physique, qui m'a plus tard félicité pour ma réussite professionnelle malgré mes années « cancre ».

Au cours de la Quatrième, il est déjà acté que je poursuivrai ma scolarité au Centre de Formation d'Apprentis de Vannes, pour apprendre le métier de carreleur. Je vais avoir seize ans dans l'année.

Depuis toujours, mon frère et moi travaillons avec mon père sur ses chantiers de construction ou de rénovation d'immeubles que nous mettions par la suite en location. Passer le balai, enlever les gravats : nous étions déjà de vrais manutentionnaires à l'âge de six ou sept ans. Quand nous grandissons, nous lui prêtons main-forte de plus en plus souvent, les mercredis et les samedis, notamment quand il construit notre appartement de 110 m² à l'intérieur du hangar de son entreprise à Questembert. Charger et décharger son véhicule de gravats (même si nous n'avons pas encore de permis de conduire), débarrasser le chantier, brûler les cartons d'emballage : les tâches ne manquent pas.

Au fur et à mesure, il nous apprend des gestes de plus en plus techniques, comme couler des chapes de béton ou poser de la laine de verre pour isoler les murs. Et quand nous sommes plus forts physiquement, nous portons des charges plus lourdes, jusqu'à des sacs de cinquante kilos, qui n'existent plus aujourd'hui. Le samedi, j'arrive à mes entraînements de foot sans repasser par la maison, les mains pleines de colle, les habits de travail tout sales, les débris de laine de verre qui me piquent encore la peau.

Notre petite sœur Stéphanie travaille moins sur les chantiers mais elle est, elle aussi, « enrôlée » dans l'entreprise familiale. Elle aide Maman dans la gestion administrative, en classant tous les papiers.

Notre père nous a toujours récompensés pour l'aide que nous lui apportions. Adolescents, mon frère et moi sommes des fans inconditionnels de basketball. Les murs de ma chambre sont recouverts de posters grandeur nature des stars que j'admire : Michael Jordan, notre légende vivante, Charles Barkley, Shaquille O'Neal, Dennis Rodman, Scotty Pippen, Patrick Evans. L'été de mes treize ans, mon frère et moi avons bien « travaillé » et nous pouvons nous offrir les baskets de Michael Jordan. Ces chaussures coûtent 1 200 francs mais elles sont les plus belles chaussures jamais créées et les porter aux pieds est tout simplement extraordinaire !

C'est aussi grâce à notre travail que Nicolas, Stéphanie et moi pouvons nous offrir nos mobylettes. Nous commençons à sortir. Avec mes amis de Peaule, je fais des bêtises d'adolescents. Nous buvons de la bière dans les squares. Allons à la plage, parfois à la pêche. Passons chez Christophe, tenant du bar Le Chouchen, à Peaule. Roulons vite. Écumons les fêtes de village. Dormons les uns chez les autres. Les parents préfèrent nous céder une partie de leurs maisons pour nos soirées plutôt que de nous savoir sur les routes de campagne en pleine nuit.

Mon frère Nicolas choisit une carrière de couvreur. Il est aujourd'hui installé à son compte à Questembert et emploie plusieurs salariés. Moi, tout jeune déjà, j'adore dessiner, je me sens une âme artiste. C'est pour cette raison que je choisis de m'orienter vers le métier de carreleur, où l'on retrouve cet aspect du dessin, de la création, de la décoration. J'aime la nécessité de s'appliquer. Peaufiner les détails. Être extrêmement précis dans les coupes de carrelage. Manier la faïence avec délicatesse. Réaliser des habillages techniques mais aussi esthétiques. Exécuter des joints réguliers. Soigner les finitions. J'aime profondément m'appliquer dans mon travail.

Au centre de formation de Vannes, nous alternons les semaines d'enseignement théorique et les semaines de pratique chez nos patrons. J'effectue mon apprentissage dans l'entreprise de mon père, auprès de ses salariés. Être le fils du patron me vaut quelques bizutages, mais mon sérieux et mon application finissent par avoir raison des taquineries. Je suis appliqué et rapide, comme mon père. Mes deux années au CFA s'écoulent sans encombre. Je me souviens seulement de « crocheter » un camarade qui se moque de la qualité d'un mur qu'un autre a réalisé, avant de se moquer du mien. Je n'ai jamais supporté les moqueries. Notre professeur de l'époque en conclut : « De toutes façons, les fils d'artisans, c'est compliqué à gérer ! ». Et moi, je pense : « Ça y est, c'est reparti comme au collège ». Ce n'est pourtant pas la dernière fois que mon caractère nerveux va jouer en ma défaveur.

Au fil de mon apprentissage, je réalise des chantiers de plus en plus complexes, tout en continuant d'assurer les tâches de manutention, dans des conditions parfois difficiles : laver un carrelage avec de l'eau glacée l'hiver, charger du sable dans une bétonneuse sous la pluie pendant de longues heures voire des semaines, si le chantier est mal abrité. « Larpette, nettoie ci. Larpette, apporte-moi ça ! ». Et après mon travail de la journée, je poursuis d'autres chantiers le soir pour mon père : salles de bains, sols, faïences de cuisine. Mon expérience dans l'artisanat a été bien moins confortable que le métier que j'exerce aujourd'hui. Mais j'en retirais déjà les fruits et une relative indépendance financière qui me rendaient fier de moi. C'est à cette époque que je passe mon permis 125 et que je m'offre une belle moto, une Aprilia RS toute neuve. J'ai travaillé dur pour l'avoir, celle-là aussi.

Au printemps 2002, je passe avec succès les examens théoriques de mon CAP de carreleur. Mais au moment où je dois passer les épreuves pratiques, je suis immobilisé sur mon lit d'hôpital à la suite de notre accident de voiture, et l'on m'attribue un zéro éliminatoire.

3
La peste n'exclut pas le choléra

Après trois mois de rééducation au centre de Kerpape, je suis prêt à rentrer définitivement à la maison. Je suis debout, je marche, tout est rentré dans l'ordre. À la demande du Dr Simba, je passe une série de radiographies de contrôle et mes parents et moi sommes convoqués pour un ultime rendez-vous. Tous les voyants sont au vert pour que l'entrevue débouche sur une autorisation de sortie définitive.

« Jean-Marie, toutes vos radios sont bonnes, dit le Dr Simba. C'est super. Vous allez pouvoir sortir. Mais juste avant cela, les radios montrent une tache sur votre os iliaque et nous aimerions approfondir les examens par une biopsie. »

En découvrant le centre Eugène Marquis du CHU de Rennes, où je dois passer deux jours pour mes examens, je pressens que mes affaires sont mal engagées. Au retour des résultats de la biopsie, ma mère et moi nous retrouvons à nouveau assis côte à côte, devant un bureau, face à un docteur aux yeux emplis de compassion et de résignation.

« Vous avez une tumeur, qui a commencé à s'entendre dans les muscles, m'annonce-t-il brutalement. Le traitement par chimiothérapie, avec le Professeur Kerbrat, l'oncologue, doit commencer tout de suite. »

Définitivement, ça va vite, une vie qui bascule.

À peine trois jours plus tard, une infirmière perfuse mon bras et m'injecte la première dose de chimiothérapie. Personne ne peut dire, aujourd'hui encore, pourquoi et quand cette tumeur est apparue. A-t-elle un lien avec mon accident ? Les médecins ne réussissent pas à s'accorder sur ce point. Certains évoquent une possible origine somatique de cette tumeur. La médecine est une discipline compliquée. On ne sait pas toujours tout expliquer.

La chimiothérapie est éprouvante. Je passe deux jours par semaine à l'hôpital pour recevoir le traitement. Puis, deux jours tous les quinze jours. Je m'y rends avec une société d'ambulances, dont le patron Stéphane, un ami de mes parents, est aujourd'hui l'un de mes amis proches.

Lors de la première injection, l'infirmière plante l'aiguille dans une veine de mon bras. D'abord, elle rate son coup. « Pas de veine », lui dis-je pour détendre l'atmosphère… Quelques jours plus tard, on me pose finalement un cathéter. À chaque séance, instantanément, le goût du liquide, écœurant, remonte dans le fond de ma bouche. Cet arrière-goût ne me quitte plus pendant toute la durée du traitement. Les repas dans les hôpitaux sont déjà peu engageants mais ajoutez-y ce relent de médicament et ça vous coupe toute envie de manger.

Il est pourtant capital pour mon rétablissement que je prenne des forces. Ma mère, toujours à mon chevet, m'apporte régulièrement de la viande, qu'elle prépare à la maison. Mes cheveux, mes sourcils, mes poils commencent à tomber. Mais si j'en crois les cris et les vomissements nocturnes de mes voisins, je sais que je suis du côté de ceux qui supportent plutôt bien la chimiothérapie. Mon combat continue. Je sais que je gagnerai la guerre contre cette tumeur.

Entre chaque traitement, je reste chez moi, souvent avachi dans le canapé, sans force ni envie de faire grand-chose. J'ai du mal à rester debout. Je passe beaucoup de temps devant la télévision. De cette période, je garde une aversion pour *Les Z'Amours* et autres jeux télévisés. Aujourd'hui encore, tomber sur l'une de ces émissions fait instantanément remonter l'arrière-goût de la chimiothérapie sur mon palais et son lot de pensées négatives.

La fatigue prend possession de mon corps. La chimiothérapie entraîne une baisse de mes défenses immunitaires et des pertes de sang à répétition. Un matin, je finis par être transféré à Vannes en urgence pour recevoir une transfusion sanguine. Je ne saurai jamais à qui appartient le sang que je reçois mais qui qu'elle soit et d'où qu'elle vienne, j'éprouve envers cette personne une reconnaissance infinie.

Après trois mois environ, la radiothérapie succède à la chimiothérapie. Je me rends au centre Eugène Marquis pour mes séances de rayons en ambulatoire. J'éprouve un vrai soulagement de pouvoir rentrer chez moi après chaque séance.

Enfin, les traitements prennent fin. Je poursuis les visites de contrôle régulièrement. Je vais chez le kinésithérapeute pour poursuivre ma rééducation, me remuscler, faire des étirements. Mais je suis guéri. Les jours, puis les semaines, puis les mois s'écoulent. Une certaine forme d'apathie me gagne, à mi-chemin entre une fatigue chronique qui m'impose un repos profond et une vague de stupeur paralysante à retardement, liée au choc de mon accident et du cancer qui s'est ensuivi. J'ai été emporté par une rivière entrée subitement en crue, j'ai lutté pour sortir du torrent et regagner la berge le plus vite possible, j'ai frôlé la noyade deux fois et finalement sauf au bord de l'eau : éreinté de l'effort physique accompli par mon corps, shooté aux endorphines produites en urgence par mon hypophyse pour trouver la force de combattre, et puis finalement à l'abri, mais démuni et profondément choqué de réaliser les événements de ces deux dernières années.

Voilà l'état dans lequel je suis plongé, au carrefour de la joie de m'en être sorti, l'abattement d'avoir tant souffert en si peu de temps, et l'envie de reprendre le fil de ma vie là où elle s'est arrêtée, quand un événement vient me sortir de ma léthargie : l'arrivée de mon chien Ugo, un boxer au cœur tendre mais un peu caractériel.

À ma demande, mes parents et grands-parents se sont, depuis quelque temps, mis en quête d'un compagnon pour moi. Un beau matin, ma mère m'embarque dans sa voiture et nous partons en direction d'un élevage privé à Quimperlé. Durant notre visite, Ugo est le seul des chiots à s'échapper en sautant par-dessus une petite barrière qui sépare la pièce en deux. Un trublion né. Nous sommes faits pour nous entendre.

Notre relation est rapidement fusionnelle. Mon chien et moi sommes connectés. Sa présence fidèle me sort de ma solitude. Les journées à la maison sont monocordes. Nicolas, mon frère, a quitté le foyer parental pour s'installer avec sa compagne. Ma sœur Stéphanie poursuit sa scolarité. Mon père enchaîne toujours les chantiers. Seule ma mère a encore la possibilité d'adapter son agenda pour passer du temps avec moi.

L'attention et la présence de ma mère ne peuvent pas seules combler ma solitude intérieure et mon sentiment d'inutilité. Mais m'occuper d'Ugo, même depuis le canapé, me sauve du sentiment de vacuité qui m'a envahi. Quand je m'assois devant la télévision, il me rejoint instantanément, tourne trois fois sur lui-même en reniflant les coussins pour trouver la bonne place et vient poser sa tête sur ma jambe.

Malgré sa bonne éducation – il sait s'essuyer les pattes avant d'entrer dans la maison, et le plaisir qu'il semble prendre à lézarder sur le canapé, Ugo est un grand fugueur. D'un simple regard, je sais prédire ses envies de fuites… mais pas les contrer. Il disparaît parfois pendant plusieurs jours, nous partons à sa recherche dans les alentours. Il finit toujours par rentrer de lui-même et reprend sa place sur le canapé, l'air de rien. Quand il est adulte et prend désormais une part non négligeable de la surface du sofa, nous tentons de l'habituer à se coucher sur le tapis. Sans succès.

Cinq ans après la fin de mon traitement, je suis officiellement déclaré guéri. Aujourd'hui, j'ai le sentiment qu'entre mes dix-sept et vingt ans, ma mémoire s'est comme effacée. J'imagine qu'on a organisé une grande fête pour mes vingt ans par exemple, mais je ne m'en souviens pas vraiment. Ces années passent sans moi, je suis physiquement présent mais c'est comme si mon âme s'est absentée, mise en retrait. Je ne peux pas, à l'époque, poser des mots si clairs, mais je sens au plus profond de moi que ma vie d'avant est terminée.

Ma première vie vient de s'achever et je vais devoir en inventer une autre.

REBONDIR

4
Marcher dans les pas de personnalités inspirantes

J'ai vingt ans et je vais devoir me réinventer... Poursuivre ma formation de carreleur est pour le moment impossible : je n'ai pas retrouvé la condition physique nécessaire pour reprendre les chantiers. Me morfondre encore des années en profitant de la compagnie de mon chien ? Cela serait plutôt facile : les concepteurs de jeux télévisés font preuve d'une imagination sans bornes pour nous offrir toujours plus de divertissements.

L'option la plus facile serait de rester dans la galère, passer mon temps à me plaindre que ma vie est foutue, regretter que rien ne soit plus comme avant. Creuser ma propre spirale infernale en somme, me laisser entraîner par une négativité stérile et polluante. Mais je suis un adepte, depuis toujours, des vertus de l'optimisme. Le négatif n'apporte que le négatif et je lui tourne délibérément le dos.

L'amour que mes parents et mon entourage me portent est capital dans ma reconstruction. Votre famille proche vous apporte la force et la conviction de relancer la machine broyée. Je veux m'en sortir pour eux avant tout. Et puis j'ai la conviction profonde que tout est surmontable. Quand les médecins vous disent qu'à deux ou trois millimètres près, vous auriez pu ne jamais remarcher, on se dit qu'on a eu sa part de chance et cela nous oblige à rebondir. L'optimisme rend la vie bien plus belle. Il m'est impossible de ne pas reprendre de l'élan. Je le prends comme une forme de provocation. Je veux me prouver que rien n'est insurmontable. J'ai cette force-là qui m'anime : le sens du défi à relever. Aujourd'hui encore, j'ai parfois l'impression que plus l'épreuve est difficile, plus j'ai envie de me battre pour y arriver.

Ainsi, j'ai vingt ans à peine et tout ce que la Bretagne compte de détermination et d'ambition coule dans mes veines. Il me faut un plan d'action mais je ne sais pas dans quelle direction m'orienter. Alors je fais ce que le jeune cancre en moi sait faire depuis longtemps : je « copie » sur mes voisins, ma chance étant que mes plus proches voisins sont, cette fois-ci, mes parents et qu'ils incarnent un modèle indéniable d'abnégation, de force de travail et de détermination.

Mes parents travaillent sans relâche, je l'ai dit. Enfants, nous les entendions régulièrement parler des chantiers en cours ou de leurs affaires, et cela a suffi à faire germer en nous l'amour du travail. J'ai sous les yeux l'exemple vivant de ce que la force de caractère et la volonté peuvent accomplir de grand, chez des gens partis de peu, voire de rien, et dont l'héritage familial se compte davantage en contes et légendes à raconter et en un sens inné des affaires, qu'en espèces sonnantes et trébuchantes ou accès aux études supérieures.

Quelque temps après le mariage de mes parents en 1980, mon père s'installe comme artisan à son compte, en créant une EURL (entreprise unipersonnelle à responsabilité limitée) pour réaliser divers chantiers de carrelage, des travaux d'isolation et de rénovation. Ma mère, elle, prend rapidement en charge toute la partie administrative de l'entreprise : l'envoi des devis, la facturation, la comptabilité. L'entreprise est initialement domiciliée chez nous, tant administrativement que physiquement. Ma mère s'installe chaque matin sur la table de la salle à manger pour travailler, sort tous ses papiers, sa calculatrice et ses classeurs, avant de tout replier à chaque soir. Tous les matériaux sont stockés dans notre jardin. Quand il le faut, ma mère charge elle-même des paquets de carrelage dans sa Mercedes marron pour livrer les chantiers de mon père. Dans les virages, qu'elle a l'habitude de prendre un peu rapidement, les paquets glissent d'un bord à l'autre et les parois de son coffre finissent cabossées de toutes parts.

Rapidement, l'entreprise prend de l'ampleur. Mon père s'entoure d'apprentis à former. L'un d'eux, Nicolas, reçoit même la meilleure note du Morbihan à l'examen du CFA. Mes parents achètent un terrain à Questembert, à quelques kilomètres de notre maison, pour y construire leur premier bâtiment artisanal. L'entreprise a désormais un bureau, une cuisine, un dépôt pour la marchandise, un dépôt pour les déchets, et même une salle d'exposition par la suite. Mes parents revendent l'entreprise en 2001, un an avant mon accident. Ils ont plus d'une dizaine de salariés. L'arrivée imminente de la réforme des trente-cinq heures les rebute. Mon père préfère retrouver un emploi salarié.

Ma mère, de son côté, monte une nouvelle société de maçonnerie à Limerzel, tout près de chez nous : la Maçonnerie Artisanale Morbihannaise. Robert, un excellent maçon du coin mais mauvais gestionnaire d'entreprise, lui propose ses services. Ma mère, gestionnaire éprouvée, rachète un bâtiment artisanal préexistant, prend les rênes de sa nouvelle entreprise et embauche Robert comme maçon salarié. Ses seules compétences en maçonnerie sont celles qu'elle a développées sur le tas, quand mon père et elle ont construit leur première maison.

Ma mère est vraiment ce qu'on peut appeler une « big boss ». Une femme à la tête d'une entreprise du bâtiment, vous imaginez ! Je comprendrai plus tard que ma mère a la détermination des gens qui luttent depuis qu'ils sont petits pour s'extraire de leur condition. Elle a saisi très tôt que son destin était entre ses mains, que malgré les moqueries des enfants du bourg vis-à-vis des enfants de la campagne, elle avait autant de chance qu'une autre de réussir. Et depuis lors, il semble qu'elle n'abandonne jamais quand elle a décidé quelque chose. Elle sait se faire respecter de ses équipes et ses clients. Elle travaille jusqu'à tard le soir et peut remettre à sa place quiconque travaille mal ou semble mécontent. Et du haut de son mètre cinquante-sept, je la vois souvent grimper au volant de son camion benne orange, pour livrer des matériaux manquants sur les chantiers.

Très occupée par son travail mais décidée à favoriser notre réussite scolaire, ma mère embauche une dame pour nous aider à faire nos devoirs deux soirs par semaine. Voir votre mère travailler si dur, ça vous coupe l'envie de faire des conneries de toute façon. Nos parents sont accaparés par leur travail mais mon frère, ma sœur et moi ne nous plaignons pas beaucoup à la maison. Cela semblerait malvenu, compte tenu de leur engagement.

En parallèle de leurs activités professionnelles, mes parents commencent à acheter et rénover plusieurs bâtiments ou maisons à titre personnel. Ils achètent notamment un immeuble à proximité du presbytère de Questembert, que la famille rénove du sol au plafond. Nous conservons les quatre murs et le toit. Plus de plancher entre les étages, rien. Et nous reconstruisons l'ensemble, en découpant l'immeuble en trois appartements.

Une fois ce premier projet réalisé, ils convainquent la banque de renouveler l'expérience une deuxième fois. Non loin de chez mes grands-parents, mes parents achètent une grande longère en mauvais état, que nous rénovons de A à Z. Nous sollicitons des artisans spécialistes pour l'électricité et la plomberie. Mais pour tout le reste : isolation, carrelages, chappes, dalles béton, nous travaillons tous les cinq, mes parents, mon frère, ma sœur et moi, et quelques amis qui viennent nous donner un coup de main. La longère est réaménagée en deux logements distincts.

Je l'ai dit, mes familles paternelle et maternelle avaient très peu d'argent. Mes parents réalisent leurs investissements immobiliers grâce à des prêts bancaires, qui sont alors plus faciles à obtenir qu'à l'heure actuelle. Maman part à la banque, apprêtée et conquérante, avec son fichier Excel sous le bras pour démontrer à un homme en costume sombre la viabilité financière de son projet. Je crois me souvenir que les taux d'intérêt de l'époque s'élèvent à 17 % pour leur résidence principale. Cela paraît fou à l'heure actuelle, où nous empruntons à des taux inférieurs à 2 %.

La « stratégie économique » de mes parents est simple et infaillible : s'appuyer sur nos forces et nos compétences artisanales. Autrement dit, acheter des biens immobiliers en mauvais état, donc peu onéreux, et les rénover à moindres frais puisque nous réalisons nous-mêmes une grande partie des travaux. Ils s'endettent dans un premier temps pour investir certes, mais ils bénéficient également de réductions d'impôts immédiates et une fois opéré les rénovations, ils revendent une partie des biens, pour réinvestir les fonds dans d'autres opérations et conservent les autres biens, pour en tirer des revenus locatifs.

En 2005, après quatre années à la tête de la Maçonnerie Artisanale Morbihannaise, ma mère revend son entreprise. Nous avons rénové une maison secondaire dans la station balnéaire de Damgan, à vingt-cinq kilomètres de là où nous vivons. Après la longue épreuve de notre accident de voiture et de mon cancer, mes parents ont envie de calme et de changement. Nous quittons Questembert pour nous installer à Damgan. Dès lors, ma mère se lance corps et âme dans un nouveau défi : la promotion immobilière.

À peine arrivée, elle met à profit son sens des affaires et son goût immodéré du contact avec les entreprises du coin. Ma mère est, avant tout autre chose, un animal social, comme l'était son père. Rapidement, un agent immobilier lui présente un terrain constructible sur la commune de Damgan, en l'invitant à étudier un projet de construction. Comprenez : en l'encourageant à contacter un architecte pour qu'il dessine un projet d'immeuble à construire sur ledit terrain. Et c'est ainsi que ma mère fait ses premiers pas dans la promotion immobilière et que de nouveau, notre table de salle à manger prend des airs de siège social et de bureau principal de sa nouvelle aventure entrepreneuriale. Plus tard, elle s'installe dans un vrai local, au centre de la commune.

Ainsi fonctionne le circuit de la promotion immobilière. Il vous faut un terrain à vendre par une agence immobilière, un projet de construction dessiné par un architecte et une budgétisation, c'est-à-dire une évaluation financière du coût de revient de l'opération (achat du terrain et construction de l'immeuble). L'agence immobilière évalue, à son tour, le prix qu'elle espère obtenir de la vente immédiate des biens construits et la différence entre prix de vente et prix de revient vous donne une idée du bénéfice escompté. C'est sur la base de cette marge estimée que le promoteur immobilier, ma mère en l'occurrence, prend ou pas la décision de se lancer dans le projet.

Une fois personnellement décidée, ma mère part de nouveau à la conquête d'un prêt bancaire pour financer l'ensemble du projet. Dans l'attente de la réponse de la banque, elle signe l'achat du terrain repéré, sous condition suspensive d'obtention du permis de construire et du financement. Elle y fait construire un immeuble de trois appartements et deux maisons individuelles. Mes parents et ma sœur redoublent d'efforts pour vendre rapidement ces biens. Leur excellent sens relationnel facilite les choses, ils connaissent une quantité de monde incroyable dans la région. Et puisqu'ils sont connus et reconnus dans le secteur du bâtiment, les gens leur font toute confiance pour construire des biens de qualité. Un projet en appelant un autre, la même agence immobilière propose à ma mère un second projet, puis un nouveau chaque année.

En parallèle, ma mère continue d'orchestrer la construction-location d'autres bâtiments à titre personnel : un cabinet médical dans la commune de Berric, un immeuble de 1900 m² dans le centre de Questembert abritant des services du Conseil départemental du Morbihan. Aucun projet ne semble trop grand pour ma mère. Lors d'une fête de village, elle s'installe sur un coin de table avec un futur partenaire rencontré là, et y a dessiné en trois minutes ce dernier projet de construction d'un immeuble de bureaux. Avec un stylo dans son sac à main et une proposition de terrain en face d'elle, ma mère fait sortir de terre n'importe quel projet. Et quand quelques mois plus tard, les bulldozers commencent à creuser un trou béant en plein centre-ville, croyez-moi, c'est à la fois impressionnant et stressant. Rien n'arrête cette entrepreneuse, bâtisseuse dans l'âme.

De ma mère, j'hérite cette capacité à me lancer dans de nouveaux projets sans me laisser paralyser par le risque financier ou ma relative inexpérience dans un secteur. De mes vingt à trente ans, je la regarderai faire, avec sa confiance en l'avenir et sa capacité à régler les problèmes les uns après les autres, pour réaliser de gros projets, sans se laisser rebuter ou apeurer par un sommet trop haut vu d'en bas. Je tirerai de son exemple la conviction que la volonté et la détermination valent davantage qu'un diplôme quand il s'agit d'entreprendre.

Mais j'ai vingt ans pour le moment, et mes débuts dans l'entrepreneuriat ne sont pas pour tout de suite…

5
Développer son sens de l'adaptation

Une fois déclaré officiellement guéri, je me mets en quête d'un nouvel avenir. Je commence par un emploi intérimaire de manutentionnaire dans une usine agroalimentaire de la région, mais je m'y ennuie très rapidement. Je réfléchis.

Depuis tout petit, j'adore dessiner. Un dimanche après-midi pluvieux – j'ai treize ans environ, j'entreprends de dessiner à main levée, sur un mur de ma chambre, un énorme puma au feutre noir. Le puma m'occupe toute l'après-midi, je perds la notion du temps. Quand mon père monte dans ma chambre pour voir ce qui me tient calme depuis si longtemps, je baisse le front en attendant ses remontrances qui, j'en suis sûr, ne vont pas manquer. « Tu pourrais dessiner des arbres en arrière-plan et lui mettre de la couleur maintenant » dit-il, avant que je lève vers lui un regard étonné et reconnaissant.

Adulte, j'aime toujours le dessin et quand j'entends parler d'une formation pour devenir collaborateur d'architecte, au Lycée Jean-Moulin à Angers, je suis tout de suite séduit par l'idée de m'inscrire. Mais je n'ai pas les diplômes requis pour intégrer cette formation. Je dois d'abord suivre une remise à niveau par correspondance pendant plusieurs mois. Je repasse également les épreuves du CAP carreleur en candidat libre et obtiens mon diplôme.

Accepté au Lycée Jean-Moulin pour la rentrée de septembre 2006, j'entre en alternance dans un cabinet de maîtrise d'œuvre, dénommé le CETAB, à Theix, tout près de chez moi. La formation dure deux ans, pendant lesquels je vis à Angers. Je loue une chambre chez l'habitant dans le centre-ville : un lit pour une personne, un bureau, un réfrigérateur et un micro-ondes. Pas de télévision. Je dois m'accrocher, travailler dur. Je ne peux pas me permettre de perdre du temps à regarder des émissions ou des séries. Pour tous mes camarades de promotion, les cours représentent seulement des révisions. Mais pour moi, c'est tout neuf. Tout est dur, sauf le dessin. Le soir, je recopie tous mes cours au propre : français, mathématiques, Histoire, physique. Les cours pratiques me correspondent bien, mais mémoriser tout ce qui est théorique est difficile. En cours, je suis souvent largué, mais les professeurs me soutiennent. Ils voient que je ne lâche pas le morceau, qu'il y a un décalage avec les autres, mais que je suis sérieux et investi. Notre professeur architecte m'encourage. Lui non plus n'était pas le meilleur de sa classe mais, à chaque fois qu'il ne comprenait pas quelque chose, il posait des questions. « Il vaut mieux paraître con que l'être vraiment ! » me dit-il.

Serge, le maître d'œuvre à la cinquantaine bien tassée chez qui je suis en alternance, fournissait par le passé du travail à l'entreprise de carrelage de mon père. Nous nous connaissons déjà depuis longtemps, pour s'être croisés souvent sur les chantiers. Je le tutoie, le taquine, l'embête depuis toujours. À mon arrivée à son cabinet, il m'impose le vouvoiement. Il est sérieux et excellent formateur. Chez lui, j'apprends d'abord la notion des volumes. Ma formation pratique débute par prendre des mesures de tout ce qu'on peut trouver dans une maison : la hauteur des toilettes, la place nécessaire pour ouvrir une porte, la hauteur des yeux d'un adulte ou d'un enfant. À partir de ces volumes que j'apprends, je dessine les meubles dans des plans vides d'une maison, sur du papier-calque. Serge les corrige le soir et me les rend le matin suivant, recouverts d'annotations et de corrections. Je revois mes dessins en tenant compte de ses commentaires et c'est reparti pour un tour.

Quelque temps après, il me confie les dépôts de permis de construire et la conception des documents à y intégrer : les plans de localisation, les plans de masse, les plans intérieurs, les façades, une vue en perspective, une insertion dans le site, une description du projet : une liste de documents à n'en plus finir. Je dessine tout au crayon, pour « apprendre mieux et plus vite » d'après Serge, avant d'avoir le droit de toucher à l'ordinateur.

Cette formation en alternance me permet de confirmer que j'aime dessiner mais j'éprouve aussi un profond besoin de voir du monde, d'être à l'extérieur. Ma fibre commerciale cherche à s'exprimer davantage. Je poursuis donc ma formation par un Certificat de Qualification Professionnelle, en alternance cette fois encore, au sein d'une agence immobilière basée à Lorient, où je m'installe.

La directrice de l'agence, Anne Philippe, fera partie des figures inoubliables qui jalonnent mon parcours. Son professionnalisme et son envie de transmettre ses connaissances et le fruit de son expérience contribuent largement à mon évolution. Son soutien me sera précieux pendant longtemps. Elle m'apprend le management sans s'en rendre compte, alors que je suis seulement en alternance. J'adore qu'elle m'emmène déjeuner avec elle. Elle me parle de son travail, je bois ses paroles et j'enregistre tout dans ma tête. Elle me fait grandir en m'accordant son temps, sa confiance et sa bienveillance et en me partageant ses idées, sa façon de voir les choses.

Quelques mois après mon arrivée dans l'agence, Yvette, une collaboratrice, me présente à son fils, constructeur de maisons individuelles Habitat Plus. Jusque-là, mes contrats d'alternance ne m'ont jamais rapporté plus de 700 euros par mois. Devant les salaires alléchants du constructeur, je laisse de côté mon Certificat de Qualification Professionnelle avant la fin, et j'entre à son service en mai 2009.

La société cherche un conseiller commercial pour relancer l'agence de Pontivy, toujours dans le Morbihan, fermée depuis un an. Je sais dessiner et je connais le secteur de la construction pour avoir beaucoup travaillé avec mes parents. L'enseigne me confie les rênes. Je fais tout moi-même : le standard téléphonique, l'accueil des clients, la personnalisation des plans-types et les simulations bancaires. Ma période d'essai arrive à son terme. Les choses ne sont pas bien engagées. Neuf autres commerciaux ont intégré la société en même temps que moi. Après quelques semaines, mes chiffres sont les plus mauvais : je n'ai conclu aucune vente. On commence par me dire que mon contrat ne va pas être prolongé. Mais mon secteur géographique n'ayant plus été exploité depuis un an, le directeur commercial, Yannig Garcin, me laisse finalement ma chance :

« Je vous fais confiance, on va vous garder et je suis sûr que vous allez réussir », me dit-il.

Les deux mois suivants, je conclus sept ventes. Et je remporte la bouteille de champagne que j'ai pariée avec Yannig. Cet homme aussi, fait partie de mes mentors. Sa confiance me booste, je suis inarrêtable. Rapidement, je suis le meilleur vendeur d'Habitat Plus sur deux trimestres, parmi une soixantaine de commerciaux, dont certains ont plus de dix ans d'ancienneté dans l'entreprise. Cela me vaut, cette année-là, d'être appelé à monter sur le podium devant tous les collaborateurs rassemblés pour la soirée d'anniversaire d'Habitat Plus. J'en suis très ému et gonflé de fierté. J'obtiens le recrutement d'une assistante, d'un autre commercial, d'un dessinateur et d'un conducteur de travaux. Et Pontivy devient l'une des agences les plus rentables du groupe.

Je le ressens profondément : le secteur immobilier est fait pour moi. D'abord parce que j'aime depuis toujours me surpasser pour concrétiser des réalisations que d'autres pourront admirer, que ce soient de jolies finitions dans une cuisine ou un bel et grand immeuble sorti de terre. Pour ce qui est de vendre des maisons à des particuliers, je suis sûr de moi : j'ai confiance dans mes compétences techniques puisque je viens du secteur du bâtiment. Je maîtrise toute la partie dessins après avoir travaillé chez un maître d'œuvre. Le domaine où je me sens le moins à l'aise, c'est dans la vente, que j'apprends sur le tas. Mais j'ai déjà cette fibre commerciale et ce goût pour le contact qui n'ont fait que se développer par la suite. Sans savoir l'expliquer avec précision, j'ai déjà une capacité à rassurer les gens, à leur inspirer confiance, à m'adapter aux différentes personnalités. On dit de moi que je « passe bien » auprès de tous. Il m'arrive même de conclure une vente en un seul rendez-vous. Je suis un peu charmeur certes, mais aussi animé par la bienveillance et l'envie d'avancer dans mes projets en toute transparence. Cela donne une bonne combinaison, d'après moi, pour rencontrer le succès en affaires.

6
Commencer le plus tôt possible à investir

À vingt-quatre ans, alors que je suis encore en alternance, je réalise mon premier investissement immobilier. Je gagne 700 euros par mois environ. Je n'ai aucun apport personnel. Mais je vis encore chez mes parents et je n'ai aucune charge, cela vaut donc le coup de tenter ma chance.

C'est peut-être cette autre qualité, qui m'a permis de rencontrer le succès dans l'entrepreneuriat : l'audace. La frilosité dans les affaires est, à mon sens, l'un des freins les plus pernicieux. Toute opération réussie a initialement comporté une part de risque à prendre. Et la première opération comporte non seulement une part de risque, mais aussi une certaine peur de sauter dans le vide, qui demande un élan et une confiance supplémentaires.

Le jour du rendez-vous à la banque pour demander un emprunt, je me présente avec mon dossier bien ficelé sous le bras. J'ai repéré un grand appartement à vendre à Questembert, que j'ai l'intention de diviser en deux appartements à louer. J'expose au banquier différents calculs : le coût de revient de cet appartement (le prix de l'achat et de la rénovation), une estimation des revenus locatifs que je peux en attendre, et une estimation du prix de revente des deux appartements en cas de besoin. Diviser ce bien en deux logements distincts me permet de diminuer le risque financier en matière de revenus locatifs. En présentant à la banque un bilan attendu positif, je la convaincs de m'accorder un crédit. Les mensualités de remboursement de l'emprunt grèvent presque en totalité mes revenus d'apprenti, mais les loyers des deux appartements représentent davantage. Cet achat me rapporte de l'argent !

Certes, les temps sont plus faciles qu'aujourd'hui pour qui veut emprunter. Les banques sont moins frileuses et les taux d'intérêt plus élevés. Tout n'est pas toujours qu'une question de volonté. Mais je suis convaincu que l'état d'esprit de l'entrepreneur est capital : un état d'esprit positif et confiant (ainsi qu'un dossier bien préparé) ne peut que jouer en votre faveur, même si vous êtes jeune et qu'il s'agit de votre premier achat.

Prendre le risque d'emprunter de l'argent, c'est indispensable, rares sont les entrepreneurs qui peuvent s'en passer. Et c'est là qu'il faut savoir convaincre les banques de nous prêter de l'argent, un maximum. Quand ma route croise celle d'un projet rentable, je saisis l'opportunité d'achat, en démontrant à la banque à quel point l'investissement comprend en réalité peu de risques. Ma propre conviction a toujours raison de leur frilosité. Si l'on n'est pas convaincu soi-même à 100 %, inutile de tenter sa chance. Pour faire un bon investissement dans l'immobilier, il faut faire des projections entre le montant de cet investissement, la déduction d'impôts obtenue, les revenus locatifs attendus, la plus-value espérée à la revente du bien. Parfois on ne gagne pas d'argent, mais on n'en perd pas non plus.

Une fois salarié chez Habitat Plus, je convaincs de nouveau mon banquier de me suivre dans un second investissement, cette fois-ci, pour l'achat d'un immeuble à Muzillac. L'opération manque de peu d'être un fiasco. J'ai prévu d'acheter le bâtiment et de le louer immédiatement à une grande enseigne automobile. Le jour de la signature de l'acte de vente, je reçois un appel de mon futur locataire m'informant qu'il change ses plans et renonce au bail. J'ai subitement sur les bras, 1 200 m² de bâtiment à occuper.

Alors je rebondis pour emprunter davantage et transformer l'espace en différentes cellules commerciales et garages. Je transpire. Je dois refaire une étude de marché complète, chiffrer à nouveau toute l'opération avec les artisans, assurer le suivi des travaux (et en réaliser quelques-uns par moi-même), tout en poursuivant mon activité salariée en parallèle. Pour commercialiser l'ensemble des espaces à louer, je travaille en collaboration avec la communauté de communes de Muzillac. Aujourd'hui, j'en tire plusieurs loyers modérés mais, en cas de départ d'un locataire et de vacance d'une cellule, mon manque à gagner est moins important que si j'avais un seul et unique loyer plus conséquent.

Tout ceci relève d'un sensible équilibre à trouver entre audace, pouvoir de persuasion et évaluation du risque.

AVANCER

7
Travailler en famille (ou pas)

Dix-huit mois environ après la réouverture de l'agence immobilière de Pontivy où je travaille, ma mère rencontre quelques ennuis de santé. Pour la soulager partiellement de la gestion de son entreprise, je démissionne et intègre sa société de promotion immobilière comme salarié, à la fin de l'année 2010.

Ma sœur Stéphanie travaille déjà à ses côtés depuis les débuts, en 2005. Après avoir obtenu un BTS Comptabilité, Stéphanie commence sa carrière dans une entreprise de décoration, sans y éprouver une grande satisfaction. Elle décide de rejoindre ma mère dans l'aventure de la promotion immobilière. On peut dire qu'elles partent plus ou moins de rien dans le métier. Ma mère a déjà dirigé des entreprises dans le secteur du bâtiment, mais elle et ma sœur approfondissent leurs connaissances sur le tas, toutes seules, un projet après l'autre. Tandis que notre mère assure le suivi des chantiers et la commercialisation des biens, Stéphanie gère tous les aspects administratifs de l'entreprise, et prête main-forte sur les aspects commerciaux et techniques quand cela est nécessaire. C'est dans ce contexte que j'intègre à mon tour l'entreprise familiale.

Si je sais reconnaître les qualités qui ont favorisé ma réussite, je dois aussi accepter certains de mes défauts et dire que notre expérience du business en famille n'est sûrement pas le meilleur modèle de réussite. C'est très dur de concilier travail et relations familiales. Si le travail est difficile, s'il y a un coup dur au bureau, l'ambiance à la maison s'en ressent pendant les repas, où les discussions finissent inévitablement par concerner le travail.

L'une de nos principales erreurs est sûrement de ne pas nous distribuer précisément les tâches. Nous faisons tout, tous les trois. Nous ne nous sommes pas spécialisés chacun dans un domaine. De nombreuses fois, l'un empiète sans le vouloir sur les dossiers de l'autre. Ma sœur et moi ne cessons de nous fâcher à ce sujet ! Je ne sais pas dire les choses à ma sœur sans l'énerver. Chacun se sent diminué ou remis en cause par les actions de l'autre.

Nous nous accrochons aussi beaucoup avec notre mère, qui continue pourtant à travailler d'arrache-pied. Nous l'envoyons balader avec une facilité déconcertante. C'est pourtant officiellement notre patronne. Ma sœur et moi nous permettons à son égard des attitudes, des retards, des remarques inacceptables. Je crois que cette période est très dure pour notre mère. Nous sommes censés l'aider à gérer l'entreprise, mais la réalité est moins flatteuse. Nous sommes dans la spirale du travail sans relâche, le nez dans le guidon, sans plus rien voir de nos atouts et de nos faiblesses.

Nous avons pourtant une grande chance. Cette société de promotion immobilière est une « machine de guerre ». Malgré nos tensions des débuts, nous améliorons notre mode de fonctionnement. Cette expérience est d'une richesse incontestable. Ma mère me transmet tout ce qu'elle sait de l'activité de promotion immobilière. Comment calculer le prix de revient d'un projet, lister les différents artisans sollicités, comparer leurs devis, négocier leurs offres, faire le suivi d'un chantier. Mon père m'a transmis la hargne et la force de me battre. Auprès de ma mère, j'apprends ce qu'est entretenir une relation commerciale sur mesure avec des clients et des partenaires.

Ma mère se modèle. Elle est d'une attention sans bornes aux besoins des clients et à leurs demandes. Elle se met en quatre pour toujours arranger les détails à leur goût. Ses clients et partenaires louent sa force de travail et sa bienveillance. Elle trouve toujours une solution à tout. Je crois que c'est elle qui m'a appris l'art d'être un caméléon. Il n'y a rien de péjoratif à être un caméléon, ce n'est ni être une girouette qui suit le sens du vent, ni retourner constamment sa veste. Ce que j'entends par « être un caméléon », c'est manier l'art de changer de peau. Défendre ses intérêts chez un architecte ou à la mairie, négocier des prix pour que chacun y trouve son équilibre, remettre à sa place un interlocuteur abusif, remercier pour une concession ou un geste commercial. Ma mère fait aussi des erreurs, comme tout le monde, mais elle avance toujours. Nous apprenons ensemble de ces erreurs professionnelles et aujourd'hui, je sais ce qu'il ne faut pas refaire.

Après deux ans et demi environ, ma mère me licencie. Je viens de me séparer de ma petite amie de l'époque, après trois ans de relation. J'ai du mal à remonter la pente. Travailler en famille est devenu encore plus difficile. Se consoler d'un chagrin d'amour auprès des gens avec qui l'on travaille n'est jamais une bonne idée. Ma sœur et ma mère continuent à gérer les affaires courantes tandis que je m'attriste dans une autre pièce à l'arrière du bureau. Et pour assombrir encore le tableau, mon chien Ugo décède à peu près à la même période, d'une tumeur fulgurante au cou. Je l'emmène chez le vétérinaire en le portant dans mes bras, il ne peut même plus marcher. Je ressens un besoin urgent d'aller voir ailleurs, et mes proches partagent avec soulagement mon avis.

Ma sœur finit par quitter elle aussi l'entreprise pour rejoindre le secteur des assurances. Sans aucune connaissance préalable dans ce domaine, mais elle apprend de nouveau tout sur le tas, et fait la fierté de sa direction aujourd'hui. Elle aussi a hérité de nos parents une force de conviction sans pareil et le sens des affaires.

Depuis quelques mois, quand j'étais encore en couple, germait dans ma tête l'envie de saisir une opportunité. Via mon poste dans l'entreprise de ma mère, j'avais rencontré Madame Le Corno, propriétaire d'une agence immobilière à Damgan. Un jour, je lui dis :

« Alors Madame Le Corno, quand allez-vous partir en retraite ?

— Justement j'y pense ! » me répond-elle.

Ma compagne et moi réfléchissions à un projet commun : j'aurais acheté une agence immobilière et elle se serait installée comme courtière en travaux de rénovation. Entre-temps, mon couple part à vau-l'eau, mais rien ne m'empêche d'acheter l'agence après tout : je sens l'appel du défi professionnel se réveiller à nouveau en moi. Madame Le Corno et moi entamons des discussions sur une reprise éventuelle.

Mais la réalisation de ce projet n'est pas encore à l'ordre du jour. J'éprouve en priorité un besoin de changer radicalement d'environnement, pour digérer définitivement ma rupture. Je ne supporte plus mon entourage et je suis insupportable. J'ai envie de profiter de la vie.

Sur un coup de tête, je décide de partir en Australie. Nous sommes à l'été 2014. Je prépare mon voyage sans rien dire à personne. J'imprime une grande carte du pays, que j'accroche derrière le grand panneau du compteur électrique chez moi, pour y dessiner le parcours que je compte faire. Je parle très mal anglais mais je ressens le besoin de partir le plus loin possible. À cette époque-là, l'Australie est en vogue : les belles plages, les kangourous, la douceur du climat. Beaucoup de jeunes partent y travailler dans les fermes. Je monte dans l'avion, sans billet de retour.

8
PRENDRE DU TEMPS POUR SOI EN CHEMIN

Je m'inscris pour suivre six semaines de cours d'anglais dans une école de *Surfers' paradise,* un district de la ville de *Gold Coast,* au sud de Brisbane, sur la côte est de l'Australie. À la descente de l'avion, un taxi m'attend pour me conduire chez la famille d'accueil que l'école m'a proposée. Je « partage » ma famille d'accueil avec un étudiant japonais et deux brésiliens qui vont dans la même école que moi.

Chaque matin, nous allons en cours. Dès le premier jour, je sais que j'ai pris la bonne décision. L'anglais est enseigné de façon tout à fait différente de celle que j'ai connue en France sur les bancs de l'école. La bonne humeur règne et les professeurs nous accordent assez de confiance pour s'autoriser à utiliser des méthodes moins scolaires: apprendre du vocabulaire en écoutant de la musique, prendre la parole même si nous faisons beaucoup de fautes. La seule règle stricte est: « *Only in English, please* ». Autant dire qu'au début, cela veut dire que je ne parle quasiment pas. Mais je progresse rapidement et en m'amusant, ce qui m'est rarement arrivé sur les bancs d'une école. L'après-midi, nous avons quartier libre et partons à la découverte de la ville.

Avec mes colocataires, nous profitons des week-ends pour louer une voiture et visiter les environs: *Byron Bay*, ancien repère de hippies et royaume des chemises à fleurs; *Fraser Island*, dont les eaux turquoise bordent 120 kilomètres de sable blanc. Ces moments partagés avec de nouveaux amis, venus des quatre coins du monde sont comme suspendus, je les savoure. Je me laisse porter au gré de ces rencontres du quotidien et de ces excursions, qui me permettent de découvrir le pays, une mentalité particulière, une façon de vivre différente.

Pourtant, dans le bus qui me conduit à Brisbane pour poursuivre ensuite la route vers *Fraser Island*, je suis saisi d'un sentiment étrange. *Coast Guards*, un film d'aventures avec Kevin Costner, passe sur les écrans télé suspendus au-dessus de nos têtes, pendant que le paysage défile par la fenêtre. Je suis assis là, entouré de visages inconnus, tout seul à l'autre bout du monde, je ne sais pas trop où je vais, mon anglais est toujours médiocre… Un doux chagrin m'envahit, un bon chagrin, un chagrin presque excitant.

Je dois en effet avouer une chose que je n'attendais pas. Une fois seul en Australie, je réalise qu'en France, je dépense beaucoup de temps et d'énergie à me préoccuper de mes proches. Je suis constamment en interaction avec d'autres personnes : ma famille, mes amis, certains un peu envahissants à l'époque, des clients exigeants. En dépit de mes ennuis de santé, de mon parcours professionnel à réinventer, de mes déboires amoureux et de mes investissements à sécuriser, je m'applique à rester le mec sympa et empathique, toujours disponible pour écouter mes amis et mes proches, avec en bonus le sourire aux lèvres.

C'est ma nature aujourd'hui encore : quand les conversations deviennent trop sérieuses ou tristes, j'aime apporter une touche d'humour, j'aime faire en sorte que les gens autour de moi se sentent à l'aise et je m'efforce de rendre l'atmosphère légère pour tous.

Mais une fois extrait de ce cercle d'habitudes, je réalise à quel point j'absorbe inconsciemment les sentiments négatifs des autres, véhiculés par des récits tristes ou des inquiétudes et qui finissent par m'impacter négativement, bien qu'involontairement. Ce rôle de confident me donne du souci et me demande beaucoup d'énergie. À cela s'ajoutent, comme pour nous tous, des contraintes horaires, la routine des semaines de travail, le stress des problèmes à régler.

Une fois en Australie à l'inverse, ne devoir penser qu'à moi m'apporte beaucoup de sérénité. La solitude que je ressens lors des premières semaines me fait un bien fou, que je n'attendais pas. Quasiment pour la première fois de ma vie, je me mets à lire. J'ai emporté quelques livres qu'Anne Philippe, mon ancienne patronne, m'a conseillés: *L'alchimiste* de Paulo Coelho, *Le vieil homme et la mer* d'Ernest Hemingway, *Le journal intime d'un arbre* de Didier van Cauwelaert. Je passe des heures sur la plage, à lire, à me détendre, à regarder les vagues.

Les Australiens sont souriants, les jardins bien entretenus, les rues propres, la sécurité assurée. Dès le premier matin, je pars pour un footing dans le voisinage. Je suis tout de suite saisi par la propreté des rues, l'entretien impeccable des jardins, la présence d'installations sportives, la plage splendide. Rapidement, je m'achète un vélo et un casque. Quand je rentre tard à la sortie des pubs, les chauves-souris volent au-dessus de ma tête. L'atmosphère est légère et reposante. Ne penser qu'à moi, me retrouver sans contrainte professionnelle, pouvoir m'arrêter boire un café, m'allonger sur le sable, quand l'envie m'en prend: j'ai le sentiment de découvrir une toute nouvelle liberté, que je savoure sans modération.

Au cours des premières semaines, je ne pense plus du tout à mon projet de reprise d'une agence immobilière. Mais au fil du temps, je reprends ma réflexion. Ce projet de rachat est peut-être une pépite d'or entre mes mains. Dans mes rencontres et excursions, je croise plusieurs jeunes un peu paumés, qui travaillent dans les fermes australiennes, sans réel avenir ni projet autre que de « vivoter », logés et nourris par l'habitant. Cela me donne un sursaut en quelque sorte: cette vie-là n'est pas pour moi. Je vois les choses en plus grand.

Après deux mois de séjour en Australie, ma décision est prise: même si cela doit me prendre encore plusieurs mois de négociation, je vais acheter l'agence immobilière de Madame Le Corno. Mais avant de rentrer, j'ai envie de prendre encore un peu de temps pour explorer le marché de l'immobilier à *Gold Coast*. Je consulte les biens à vendre, je visite des agences pour comprendre leur façon de travailler. Les Australiens travaillent tard, parfois jusqu'à vingt-deux heures. Mais ils savent aussi quitter le bureau très tôt, les jours où les vagues sont belles, ou prendre le temps de faire beaucoup de sport.

Cette interruption, volontaire cette fois, du cours de ma vie me donne une respiration. Je souffle et je vide mon corps de ses tensions, je les laisse en Australie. Je rentre transformé de l'intérieur, boosté d'enthousiasme et de courage. Je conserve cet amour du travail acharné mais je ramène dans mes valises l'envie de profiter de la vie et des petits bonheurs au quotidien, quand ils se présentent.

Ce séjour renforce encore mon optimisme et ma confiance en l'avenir. Les problèmes à régler ne me font pas peur et ne me désespèrent pas. J'avance, je gère les difficultés les unes après les autres, je ne perds pas de temps à râler avant de m'y mettre, je prends les défis à bras-le-corps. J'éprouve parfois du stress, certes, Parfois je ne dors pas bien, comme d'autres. Mais, je m'efforce de garder ma bonne humeur. Si une tâche ne peut pas être accomplie aujourd'hui, elle le sera demain et ce n'est pas grave. C'est aussi ce que j'essaie de transmettre à mes collaborateurs : travailler dur, cibler les priorités et gérer avec détachement et légèreté les mécontentements. Si on ne peut pas tout faire dans la journée, l'affaire ne sera pas manquée pour autant.

9
CONTOURNER LES OBSTACLES

À mon retour d'Australie, Madame Le Corno et moi reprenons nos discussions pour fixer les conditions de reprise de l'agence immobilière de Damgan. Conditions financières et échéances, mais aussi reprise des salariés, état des lieux des ventes et des mandats en cours : nous passons tout en revue.

Or, outre un accord à trouver sur le prix de vente de l'agence, je dois surtout contourner un premier obstacle à mon installation : la détention obligatoire d'une carte professionnelle d'agent immobilier. Comme je n'ai aucun des diplômes requis, seules plusieurs années d'expérience professionnelle (que je n'ai pas encore) me permettraient, à terme, d'obtenir ma propre carte.

À ce moment-là, je projette aussi de racheter la société de promotion immobilière de ma mère et je perçois déjà la complémentarité des deux affaires : l'agence immobilière pourrait se charger de vendre les biens construits par la société de promotion. Et pourrait également lui proposer des projets de construction intéressants. Je ne veux pas passer à côté de cette opportunité d'achat d'une agence déjà installée et rentable. Dans l'immédiat, il m'est donc indispensable de m'associer avec un autre agent immobilier, titulaire de ladite carte professionnelle.

Encore une fois, je trouve la force et l'optimisme de me lancer dans ce projet en prenant exemple sur un mentor, en la personne de Pascal. Pascal est l'un de mes anciens professeurs de Lorient, pendant mon Certificat de Qualification Professionnelle, qui nous abreuvait d'encouragements. Il nous enseignait le management et organisait des jeux de rôles « business », pendant lesquels il s'amusait à nous distraire en nous dérangeant avec un aspirateur ou n'importe quel autre accessoire. Nous ressortions de ses cours gonflés à bloc. Aujourd'hui encore, je le fais intervenir auprès de mes équipes dans des formations Management & Motivation. J'adore son approche pour inciter les équipes à voir le positif et à prospecter de façon innovante et dans la bonne humeur.

Son énergie à sauter par-dessus les obstacles m'inspire depuis toujours. Son enfance en Afrique s'est déroulée dans des conditions difficiles. À son arrivée en France, il a commencé par faire de la vente en porte à porte. Sûr que sa vie n'a pas été la plus facile, qu'il n'a pas été accueilli les bras ouverts et que les gens ne se sont pas précipités pour acheter ses produits. Il s'est heurté à de nombreuses portes closes ou vite refermées. Mais il a persévéré, gardé son enthousiasme et continué d'avancer au-delà des obstacles.

Suivant son exemple, je me dis que cette histoire de carte professionnelle n'est qu'un « détail » administratif à régler et je me mets en quête de ma future associée, effectivement titulaire d'une carte professionnelle. Je construis un business plan sur trois ans avec un comptable, pour contracter un emprunt avec la banque. Madame Le Corno, mon associée et moi concluons un accord pour l'achat de l'agence immobilière chez le notaire. Nous sommes en septembre 2015 et je deviens propriétaire de l'agence à hauteur de 50 %. Madame Le Corno m'accompagne pendant six mois, pour me former au fonctionnement global d'une agence.

Rapidement cependant, mon associée et moi nous entendons très mal. Après trois mois de collaboration, je lui rachète la totalité de ses parts et je pars à la recherche d'un nouvel associé, à qui je ne propose que 15 % des parts cette fois-ci. Ensemble, nous restons associés jusqu'en septembre 2019. À cette date, j'ai enfin mes quatre années d'expérience professionnelle en tant que cadre salarié dans le secteur immobilier. J'obtiens ma propre carte professionnelle. Je me sépare de mon associé et reprends l'entière propriété de l'agence.

Je profite du même élan pour racheter à ma mère sa société de promotion immobilière, et je lance le montage et la réalisation de mon premier programme immobilier, comprenant plusieurs maisons et appartements, à cinq cents mètres de l'océan.

10
S'entourer

En parallèle de ces rachats, j'opère les démarches nécessaires pour devenir associé de la coopérative Orpi, en préparant ma demande d'adhésion pour deux agences : celles de Damgan que je détiens déjà en mon nom, et une deuxième que je prévois de créer à Muzillac, une commune de 5 000 habitants à une dizaine de kilomètres de là. L'Assemblée Générale du Groupement d'Intérêt Économique Orpi de Lorient, qui se tient sur l'île de Groix et devant laquelle je me présente pour défendre mon dossier, vote mon entrée en novembre 2019.

Orpi est le premier réseau immobilier de France en nombre d'agences et le premier à s'être développé sous la forme d'une coopérative. Une fois associé, je profite immédiatement du soutien de l'enseigne pour nombre de fonctions support : visibilité physique de l'agence, communication papier et digitale, site web, logiciel informatique, etc. Je bénéficie également de conseils en matière juridique et d'un mentor qui me suit et m'aide à prendre certaines décisions. J'y gagne un vrai confort, l'assurance d'aller dans la bonne direction, d'appliquer des processus déjà testés et approuvés et l'appui d'experts dans la construction et le développement du projet. Je simplifie ma vie d'entrepreneur.

Quand on choisit de s'installer seul, on est et reste unique décisionnaire, y compris sur des questions dont on n'a aucune idée. J'ai peut-être peu écouté mes professeurs en classe mais, devenu adulte, j'ai l'intelligence d'écouter les professionnels, notamment les associés Orpi, qui m'expliquent, m'accompagnent, m'enrichissent de leurs expériences et qui profitent aussi en retour de mes compétences dans la vente ou de mon état d'esprit positif.

Par ailleurs, j'ai la chance de pouvoir m'appuyer au quotidien sur mon comptable et sur l'équipe qui travaille au sein de mes agences. En janvier 2020, j'ouvre une deuxième agence à Muzillac. Aujourd'hui, plusieurs négociateurs travaillent à mes côtés et des assistants les soutiennent. J'ai récemment embauché un manager pour m'aider à coordonner le travail de toute l'équipe, qui devrait encore s'agrandir dans les mois à venir.

Enfin, je ne pourrais clore ce chapitre sans mentionner Pierrick Besnier, gestionnaire de patrimoine installé à Nantes, qui me conseille depuis une dizaine d'années. Nous entretenons une relation qui m'est chère et indispensable. Dès que j'ai un nouveau projet en tête, je sollicite ses commentaires avisés. Il m'aide à construire progressivement la structure de mes entreprises les unes avec les autres et me recommande les statuts les plus pertinents. Bien sûr, il espère un retour sur le temps qu'il investit à me guider mais il n'attend pas mon argent pour me donner ses meilleurs conseils. C'est comme un associé qui n'en est pas un. Nous avons tous les deux intérêt à ce que mes affaires fonctionnent bien et sur ce postulat de base, je lui accorde toute ma confiance.

C'est précieux de savoir à qui accorder sa confiance, de savoir qui sont vos vrais soutiens et amis : ceux qui savent se réjouir sincèrement de votre réussite et qui vous le font savoir par un détail, parfois juste un regard souriant pour vous remonter le moral, une tape dans le dos pour dire « bien joué ! », un trait d'humour au bon moment. Mais aussi ceux qui, à l'inverse, vous poussent dans vos retranchements, ne vous laissent pas vous complaire dans l'autosatisfaction, ceux qui remettent en question vos projets, vos idées pour vous y faire réfléchir davantage. J'ai cette chance d'être entouré de gens de confiance et j'en tire une grande partie de ma force.

RECOMMENCER

11

Ne pas craindre de perdre

Le message que je voudrais transmettre aujourd'hui est avant tout un éloge de l'audace et de la confiance en l'avenir. Non, on ne réussit pas son coup à chaque fois. J'ai rencontré des succès mais j'ai aussi fait des erreurs, dans des placements boursiers par exemple. Certaines opérations m'ont fait perdre de l'argent dans un premier temps, en engageant des frais de notaire supplémentaires et en générant un impôt sur les plus-values pour transférer la propriété d'un bien immobilier en mon nom propre à celui d'une de mes sociétés, pour en gagner ultérieurement grâce à une fiscalité plus avantageuse. J'ai parfois dû rééetaler mes échéances de remboursement de mes emprunts bancaires. La route n'est pas linéaire. Pour chaque investissement que je mets en place, je me pose trois questions : pourquoi je veux investir ? Jusqu'à quand ? Et comment vais-je le financer ? J'anticipe toujours ce que j'attends d'un investissement… et je m'adapte quand j'avais pris de mauvaises décisions au départ.

J'essaie également d'anticiper des portes de sortie au cas où les choses ne tourneraient pas comme je l'ai prévu. J'ai, par le passé, acheté une galerie commerciale à Muzillac, qui génère de forts revenus locatifs imposables. Premièrement, j'ai pu déplacer les impôts sur ces revenus locatifs sur le compte d'une Société Civile Immobilière que j'ai créée pour l'occasion. Deuxièmement, je sais que si un jour, j'arrête mes autres activités, je pourrai m'organiser pour devenir salarié de cette SCI : la société me versera un salaire et me permettra de cotiser à la retraite, de payer mes cotisations sociales et aussi de bénéficier d'une assurance maladie.

s animé d'une frénésie de projets, au grand dam de mon e parfois, qui ne sait plus comment m'arrêter. J'écoute les experts du secteur : ma mère, d'autres agents immobiliers ou encore Maxime, mon ami notaire et ses bons conseils : je prends le temps de comprendre leurs arguments, de les confronter aux miens. Je ne fonce pas tête baissée à chaque idée. Et heureusement, parce que j'ai de trop nombreuses idées.

L'argent n'est pas mon moteur, j'en gagne déjà suffisamment à l'heure actuelle. Je ne mène pas un train de vie exceptionnel, je ne bois pas de champagne tous les jours, je ne fréquente pas les restaurants étoilés… J'ai de l'argent oui, je ne me plains pas, je n'en gaspille pas, je n'ai pas vraiment besoin d'en gagner plus. Ce n'est pas lui qui me pousse à enchaîner les projets.

J'ai plutôt parfois le sentiment d'avoir une revanche à prendre sur la vie, sur ma vie qui a failli s'arrêter à la veille de mes dix-huit ans et que depuis, je mords à pleines dents, quitte à frôler l'indigestion parfois.

À l'heure où je termine ce livre, je viens d'ouvrir une troisième agence immobilière à Questembert, ma ville natale. J'ai choisi cet endroit parce que c'est de là que je suis parti. Je sais qu'une grosse agence concurrente m'attend là-bas. Mais je veux venir y prendre une part de cette revanche sur la vie. Je veux montrer à l'enfant de Questembert que j'étais, que l'adulte que je suis devenu réussit, que l'élève en difficulté a surmonté les obstacles et que rien n'est impossible. Ce sera mon pied de nez à mon parcours scolaire laborieux et à mon accident de voiture, à la suite duquel nous avons quitté cette ville. Je me pardonnerai enfin à moi-même de ne pas y avoir repris l'entreprise de mon père. Ce sera une fierté pour mes parents, mes frère et sœur et moi.

Aujourd'hui, je suis toujours propriétaire de la société de promotion immobilière de ma mère, avec laquelle je viens de réaliser un grand projet. En lancerai-je un deuxième ? Je ne sais pas le dire. J'ai vu que j'en étais capable. Je voulais surtout me prouver à moi-même et aux autres, que je pouvais de le faire. J'avais déjà ce goût du défi quand j'étais jeune carreleur : j'aimais m'atteler aux finitions les plus précises et laborieuses. Je ne laissais rien au hasard, plus la coupe était difficile, plus je mettais du cœur à l'ouvrage.

Je monte des agences immobilières mais une fois qu'elles sont en place, je repars dans une certaine routine qui m'ennuie. J'aime le défi de réussir un lancement, mais une fois que c'est fait, la gestion quotidienne des affaires m'apparaît comme une contrainte, je n'y prends que peu de plaisir. J'aime créer des entreprises mais pas les diriger.

Actuellement, je modifie la gestion de mes agences pour que toute notre bureautique et notre administration fonctionnent en réseau et à distance. Mon objectif : déléguer à mon manager le plus de décisions possible, installer un système de signatures électroniques ainsi qu'un outil de visioconférence, pour être en mesure de gérer mes agences de n'importe où dans le monde. Pour prendre ma retraite à quarante ans, en somme !

En attendant ce jour, je continue. Mais sous mon air détendu et déterminé pendant mes journées de travail, je passe de nombreuses nuits éveillé. Je réfléchis, je prends des notes pour le projet actuel ou le projet suivant, j'envoie des e-mails. L'entrepreneuriat a un prix, dont je m'acquitte, pour ma part, en nombreuses nuits sans sommeil.

Il m'arrive souvent de voyager seul. Pourquoi ? me demandent certains. Pour les mêmes raisons qu'il m'arrive de boire un verre de vin seul : je n'attends pas d'être en couple ou d'avoir des enfants pour profiter de la vie. Je m'efforce de profiter maintenant de ma liberté, de ne pas attendre la situation « parfaite » pour vivre et savourer les petits et grands plaisirs que la vie m'offre déjà. De mes voyages au fil des années, je rentre toujours transformé : marcher dans les rues de Lisbonne inondées du sourire des Portugais, partager la chaleur et l'insouciance des Espagnols, observer des animaux sauvages en Tanzanie, recevoir l'hospitalité des Canadiens, découvrir les plages de Bali, déambuler dans Pékin, Shanghai et Hong Kong : devant la diversité des paysages et le bonheur procuré par les rencontres, j'aurais envie de voyager sans cesse pour en découvrir toujours plus.

Que ferai-je à l'avenir de mes agences et de mes biens immobiliers en cours d'acquisition ? Dieu seul le sait. Ce dont je suis sûr, c'est que je me sens libre de tout plaquer à quarante ans et de recommencer ailleurs : m'installer dans un nouveau pays, repartir à zéro, changer de métier, faire le tour du monde.

Il n'y a aucun frein à l'avenir, je peux tout vendre et partir. Je sens que quelque chose m'attend à l'étranger. Le Costa Rica ? La Thaïlande ? Canada ? Australie ? Qui sait ? Le large m'appelle et tant que je n'accomplis pas ce voyage, une partie de moi reste avide.

C'est ma philosophie : je construis ma route aujourd'hui et me tiens prêt à tout déconstruire et poursuivre ma vie ici ou ailleurs.

Mes clés pour aller où bon vous semble

Travaillez dur
Marchez dans les pas de personnalités inspirantes
Avancez en mode agile, développez votre sens de l'adaptation et votre curiosité
Commencez à investir le plus tôt possible
Embarquez votre équipage à bord et soyez convaincant
Contournez les obstacles
Retenez le meilleur de chaque rencontre
Entourez-vous d'experts
Apprenez à déléguer
Prenez du temps pour vous en chemin
Ne craignez pas l'échec
Rêvez

Remerciements

La vie place des obstacles sur notre route.

Nous franchissons les plus petits avec notre détermination et notre courage pour seuls compagnons.

Mais pour ce qui est des « vrais » obstacles, hauts, serrés, difficiles d'accès, rien n'est possible sans le soutien d'une famille, d'amis ou de mentors.

J'écris ce livre en espérant que le récit de mon parcours pourra encourager celles et ceux qui comme moi traversent ou ont traversé leur lot d'épreuves et d'obstacles.

Mais il est aussi et avant tout le moyen que j'ai choisi de remercier toutes les personnes qui m'ont soutenu dans les moments les plus durs et dont l'amour me porte au quotidien : Anne-Marie ma mère, Jean mon père, Nicolas mon frère et Stéphanie ma sœur. Pardon pour les souffrances et inquiétudes que j'ai causées, pardon pour mon caractère enflammé. Et merci de m'aimer malgré tous mes défauts.

À mes amis de Peaule, je dis merci pour notre amitié.

À Tony, un merci tout particulier pour la Playstation qui a marqué le début de notre grande amitié.

À tous les personnels soignants du Centre de rééducation de Kerpape, je dis merci pour votre engagement et votre foi en notre capacité à rebondir.

À toi que je ne connais pas, donneur/se de sang, grâce à qui j'ai pu être transfusé en urgence quand j'en ai eu besoin.

À tous les enseignants et formateurs qui ont cru en moi, merci pour vos encouragements qui m'ont donné la confiance d'aller plus loin.

À tous les enseignants et formateurs qui m'ont cru sans avenir, merci à vous aussi, pour m'avoir donné la rage de vous prouver le contraire.

À mes mentors et autres personnalités qui m'inspirent au jour le jour, vous avez en commun l'expertise, l'enthousiasme et surtout l'envie de transmettre aux autres tout ce que vous savez.

À tous les autres que j'oublie peut-être et qui ont eu un rôle majeur dans ma vie.

Un grand merci à la Chance de vous avoir, chacun et chacune, placé sur ma route.

Table des matières

Imprimé en France
ISBN 979-10-284-2067-3
Dépôt légal : 4e trimestre 2022

Imprimé en France
FRHW010639170423
34617FR00011B/131

9 791028 420673